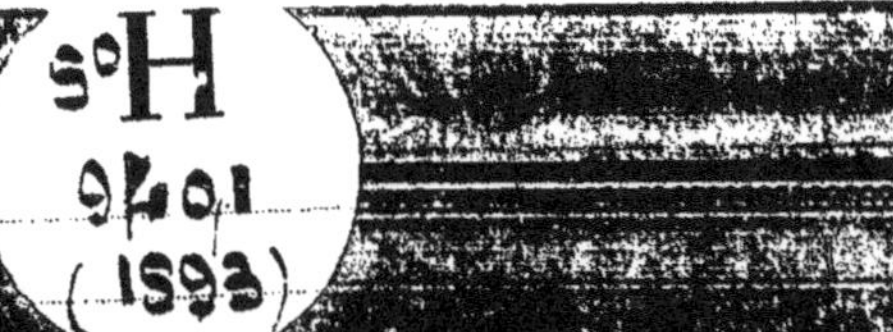

... FRATERNITÉ

CONGRÈS

...ES DU CENTRE

TENU AU TEMPLE

... L∴ ROUBERRE

... DE MOULINS

...ÈME SESSION, 1893

MOULINS

IMPRIMERIE ... RUE DU VERT-GALANT

1893

CONGRÈS

DES

LOGES DU CENTRE

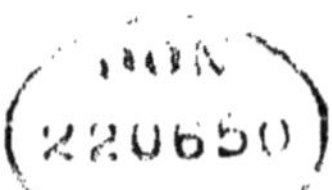

LIBERTÉ — ÉGALITÉ — FRATERNITÉ

CONGRÈS

DES

LOGES DU CENTRE

TENU AU TEMPLE

de la Resp.·. L.·. ÉQUERRE

OR.·. DE MOULINS

QUATRIÈME SESSION, 1893

MOULINS

IMPRIMERIE FUDEZ FRÈRES, RUE DU VERT-GALANT

1894

CONGRÈS
DES
LOGES DU CENTRE

COMPTE-RENDU DES TRAVAUX

de la 4e Session tenue à l'O.·. de Moulins, les 5, 6 et 7 août 1893.

Les délégués des LL.·. du Centre, réunis en Congrès à l'O.·. d'Auxerre en mai 1890, désignèrent la L.·. *Equerre* pour organiser à son O.·. le prochain Congrès.

Ce R.·. At.·. fit, en 1891, un appel chaleureux à toutes les LL.·. SS.·. de la région, mais il ne put recueillir que cinq adhésions; il se vit donc dans la douloureuse nécessité d'ajourner à l'année suivante l'organisation du Congrès.

En 1892, les travaux de réfection de son Temple ne lui permirent pas de recevoir à son O.·. les délégués des LL.·. du Centre.

Cette année, la R.·. L.·. *Equerre* reprit la tâche qui lui incombait. Elle adressa à toutes les LL.·. qui avaient adhéré au premier congrès tenu à l'O.·. de Nevers en 1888, un appel frat.·. qui fut entendu et auquel répondirent favorablement les LL.·. suivantes :

L'*Humanité*, O.·. de Nevers. — Le *Phénix*, O.·. de Joigny. — La *Cosmopolite*, O.·. de Vichy. — L'*Union et Solidarité*, O.·. de Montluçon. — La *Véritable amitié*, O.·. d'Orléans. — Les *Enfants de Gergovie*, O.·. de Clermont. — La *Gauloise*, O.·. d'Issoudun. — *Justice et Égalité*, O.·. de Gien. — L'*Asile du Sage*, O.·. de Lyon. — *Lumière et Liberté*, O.·. de Lyon. — Le *Réveil de l'Yonne*, O.·. d'Auxerre. — Les *Démophiles*, O.·. de Tours. — Les *Artistes réunis*, O.·. de Limoges.

Les LL.·. suivantes n'avaient pas pu, pour des raisons diverses, répondre à l'appel qui leur avait été adressé :

La *Libre-Pensée*, O.·. de Narbonne. — La *Ruche des Patriotes*,

O.·. de Bergerac. — Les *Élus*, O.·. de Saint-Étienne. — La *Fraternité*, O.·. de Lille. — L'*Industrie*, O.·. de Saint-Étienne. — Les *Arts réunis*, O.·. de Mâcon. — La *Concorde*, O.·. de Tournus. — Les *Enfants d'Hiram*, O.·. de Melun. — Les *Amis persévérants*, O.·. de Périgueux. — La *Fraternelle beauceronne*, O.·. de Pithiviers. — *Solidarité et Progrès*, O.·. de Dijon.

Malgré ce nombre d'adhésions relativement important, peu de délégués se sont rendus à l'O.·. de Moulins. La date des 5, 6 et 7 août avait été arrêtée bien avant la fixation des élections législatives ; aussi, la plupart des délégués des At.·. qui avaient promis de se faire représenter ont été obligés de rester dans leurs localités au poste de combat et se sont excusés de ne pouvoir venir siéger au milieu de leurs ff.·. et leur apporter leurs lum.·.

Chaque Loge avait été invitée à indiquer quelles étaient les questions qu'elles désiraient voir traiter.

L'Ordre du jour suivant, arrêté définitivement par la L.·. *Equerre* en tenue ordinaire, avait été envoyé à tous les At.·. adhérents :

SAMEDI 5 AOUT 1893, A 9 HEURES DU MATIN

OUVERTURE DU CONGRÈS

Nomination des Président et Vice-Président.

TRAVAUX : Questions laissées sous le maillet au Congrès d'Auxerre.

1° Du travail. — Rapport du capital et du travail. — De l'assurance de la participation du droit au travail.

2° Recherche de la paternité.

3° Caisse de secours pour les ff.·. m.·. malheureux.

4° Organisation des banques populaires.

5° Des moyens de restreindre les opérations des bourses.

6° Révision du règlement du Congrès.

7° Fusion des rites. (Vœu).

8° Division de la F.·. M.·. française en régions bien définies. (Vœu).

9° Engagements à faire prendre aux F.·. M.·. candidats aux prochaines élections.

10° Moyen d'assurer la propagande républicaine par la voie de la presse.

11° Programme minimum du parti ouvrier.

12° Programme minimum agricole.

13° Désignation de la L.·. qui devra organiser le prochain Congrès.

Le 7 août : Banquet par souscription. — Prix du triangle : 7 francs.

RÈGLEMENT DU CONGRÈS

(Adopté après discussion à la première session tenue à l'Or.·. de Nevers, les 13 et 14 janvier 1888, maintenu au Congrès de 1893, à l'Or.·. de Moulins, des 5, 6 et 7 août.)

ARTICLE PREMIER. — Il y a chaque année un Congrès des LL.·. *du Centre.*

ART. 2. — Le Congrès se compose des Délégués des LL.·. régulièrement établies sans distinction d'Obédience, ayant donné jusqu'à ce jour leur adhésion, savoir : Nièvre, Yonne, Loiret, Allier, Puy-de-Dôme, Haute-Vienne, Ain et des Délégués des autres LL.·. qui adhéreront ultérieurement au présent Règlement.

ART. 3. — Le Congrès traite uniquement des questions d'intérêt général Maç.·.

ART. 4. — Le Congrès se réunit dans la L.·. désignée par le Congrès précédent.

Cette désignation a lieu par voie de tirage au sort.

Les noms des LL.·. où le Congrès a déjà siégé ne sont point mis dans l'urne.

Un second tirage a lieu pour la désignation d'une L.·. suppléante, sans toutefois entraîner pour cette L.·. la priorité pour le Congrès suivant.

Dans les Or.·. comprenant plusieurs LL.·., le Congrès ne peut avoir lieu dans le même Or.·. avant l'expiration d'un délai de trois ans.

La réunion du Congrès a lieu chaque année au mois de juin.

La L.·. chargée de recevoir le Congrès, fixe la date de sa réunion, arrête l'ordre du jour et convoque les LL.·. adhérentes au moins deux mois à l'avance.

ART. 5. — Les LL.·. ainsi convoquées sont invitées à mettre les questions proposées sous le maillet.

ART. 6. — Les travaux du Congrès s'ouvrent sous la présidence d'Off.·. du Vén.·. de la L.·. dans le Temple de laquelle il se réunit.

ART. 7. — A la séance d'ouverture, et après vérification des pouvoirs, le Congrès procède à l'élection d'un Président et d'un Vice-Président qui doivent diriger les débats pendant toute leur durée.

ART. 8. — Les Délégués, munis de pouvoirs réguliers des LL.·. auxquelles ils appartiennent, peuvent seuls être admis à voter.

ART. 9. — Quel que soit le nombre des Délégués représentant une même L.·., aucun At.·. ne peut prendre part au scrutin avec plus de trois voix. Cette disposition devra s'appliquer spécialement à la L.·., siège du Congrès.

ART. 10. — Le Président et le Vice-Président du Congrès sont assistés d'un 1er Surv.·., d'un 2e Surv.·., d'un Orat.·., d'un Secr.·., d'un Grand Exp.·., d'un Hosp.·., d'un Trés.·., d'un 1er et 2e Exp.·., de deux M.·. de C.·. et d'un Couvreur pris parmi les Off.·. Dign.·. de la L.·. où le Congrès se réunit.

Le Congrès peut toujours, sur la proposition de l'un de ses membres, prononcer la clôture de la discussion.

Art. 11. — Les questions sont discutées dans l'ordre fixé par la Pl.·. de convocation.

Art. 12. — Les frais de déplacement et de séjour des Délégués restent à la charge de ceux-ci ou des LL.·. auxquelles ils appartiennent. La Loge où se réunit le Congrès n'a, dans tous les cas, à supporter que les dépenses afférentes aux Pl.·. de Convocations et au local de l'Assemblée.

Art. 13. — Chaque session est close par un banquet, dont la dépense est couverte par les souscriptions individuelles des membres qui y assistent et dont le coût ne doit pas être supérieur à dix francs.

Art. 14. — Le Compte-rendu *in-extenso* des Travaux du Congrès est imprimé dans le mois qui suit sa clôture, par le soin des Off.·. Dign.·. de la L.·. qui a reçu le Congrès, et aux frais de toutes les LL.·. adhérentes, qu'elles aient ou n'aient pas envoyé de délégués pour les représenter.

Art. 15. — Le nombre des exemplaires destinés à chaque L.·. est fixé à dix; ce chiffre peut être augmenté sur la demande d'un ou plusieurs At.·., mais tout exemplaire ainsi délivré en plus est payé, au prorata du tirage, par l'At.·. ou les At.·. qui les prennent. Le produit de cette vente est affecté au tronc de la V.·.

Art. 16. — Tout ce qui n'est pas prévu par le présent Règlement est réglé conformément aux statuts et règlements généraux de la juridiction sous laquelle les travaux sont en vigueur.

5 AOUT 1893

1re TENUE

Les Délégués des LL.·. du Centre sont sur les col.·.; l'Or.·. est éclairé par le f.·. Péronneau, vén.·.; l'Occ.·. par le f.·. Rocher, 1er maillet, et f.·. Pinguet, 2e maillet; le banc de l'Orat.·. est occupé par le f.·. Cabassut; celui du Secr.·. par le f.·. Gourdiat.

Les autres Membres présents sont :

Les FF.·. Sebert, délégué des *Enfants de Gergovie;* Thuilliat, délégué des *Artistes réunis;* Treillé et Joany, délégués du *Réveil de l'Yonne;* Beaupin, Thévenard et Bachelier, délégués de l'*Huma-*

nité; Constant et Terret, délégués de l'*Union et Solidarité;* Péronneau, Cabassut, Pinguet, délégués de l'*Équerre.*

Ont été acceptées :

Les excuses des LL.·. La *Cosmopolite*, Or.·. de Vichy.
— — *Justice et Égalité*, Or.·. de Gien.
— — Le *Phénix*, Or.·. de Joigny.
— — La *Gauloise*, Or.·. d'Issoudun.
— — La *Véritable amitié*, Or.·. d'Orléans.
— — Les *Démophiles*, Or.·. de Tours.
— — L'*Asile du Sage*, Or.·. de Lyon.

Les travaux sont ouverts au premier grade symbolique en la forme accoutumée.

Le V.·. souhaite la bienvenue aux Délégués présents qui sont venus, quelques uns de fort loin, siéger à ces assises de la Maçonnerie du Centre; les remercie chaleureusement au nom de tous les ff.·. de La L.·. *Équerre*, et les assure de leurs sentiments de cordialité la plus fraternelle.

L'ordre du jour appelle la nomination du Président et du Vice-Président.

Le f.·. Thuilliat est élu président par 8 voix sur 9 votants.

Le f.·. Treillé est élu vice-président par 8 voix sur 9 votants.

Le Président élu, après avoir pris possession du maillet, remercie l'Assemblée de cette marque de sympathie et profite de cette occasion pour manifester la joie qu'il éprouve de voir le Conseil de l'Ordre représenté à ce Congrès en la personne du f.·. Moulnier.

Il craint que le Congrès ne produise pas tous les résultats qu'on pourrait en attendre, à cause du petit nombre de délégués présents; mais il espère que l'absence de quelques-uns n'empêchera pas les autres de travailler, et que la bonne volonté compensera le concours qui nous fait défaut.

Il est procédé ensuite à la nomination de 3 Commissions.

A ce sujet, le f.·. Thévenard demande qu'il soit tenu compte des aptitudes particulières de chaque délégué dans la formation de ces Commissions.

Elles ont été ainsi composées :

1re Commission : les ff.·. Bachelier, Cabassut, Sebert.

2e Commission : les ff.·. Joanny, Péronneau, Pinguet, Beaupin.

3e Commission : les ff.·. Thuilliat, Treiller, Thévenard.

L'examen des 1er, 4e, 5e et 11e questions, est confié à la 1re Commission.

Celui des 2e, 6e, 9e et 10e questions, à la 2e Commission.

Celui des 7e, 8e et 12e questions, à la 3e Commission.

La 3e question est abandonnée par le Congrès comme ayant été résolue par le G.·. Orient.

La 13e question sera réglée par le sort à la fin des travaux.

Le Congrès renvoie ses travaux au lendemain Dimanche 6 août à 2 heures, afin de permettre aux Commissions d'étudier les questions qui leur ont été dévolues.

Minuit plein, les ff.·. se retirent sous la loi du silence.

DIMANCHE 6 AOUT 1893

1re TENUE

L'Or.·. est éclairé par le f.·. Thuilliat, président, et le f.·. Treillé, vice-président ; l'Occ.·. par le f.·. Rocher, 1er surveillant, et le f.·. Pinguet, 2e surveillant ; le f.·. Cabassut est au banc de la parole ; le f.·. Gourdiat tient le pinceau.

Sont présents sur les col.·. les f.·. Sebert, Bachelier, Constant, Terret, Péronneau, Beaupin.

Plusieurs excuses parvenues à l'O.·. de divers délégués empêchés de partir au dernier moment sont acceptées.

L'Ordre du jour appelle l'examen de la 1re question, ainsi énoncée :

Du travail. — Rapport du capital et du travail. — De l'assurance de la participation du droit au travail.

Le f.·. Cabassut, au nom de la 1re Commission, dont il est le rapporteur, lit le rapport suivant :

Du travail. — Sans se préoccuper des revendications, plus ou moins justifiées des partis ouvrier et collectiviste, votre 1re Commission, envisageant cette question au double point de vue de l'équité et de l'humanité, est d'avis :

« Qu'il est juste que le travail ait sa part dans les bénéfices industriels, ainsi que le capital. Elle pense que la mise en pratique d'une mesure qui règlerait les rapports du capital et du travail serait un acheminement vers la paix générale. »

Votre Commission n'a pu traiter des moyens pratiques pour arriver à ce résultat ; elle se borne à exprimer le vœu que cette question, si difficile à résoudre, soit examinée avec persistance par ceux de nos ff.·. compétents qui assisteront au prochain convent.

Du droit au travail. — Nous avons pensé que tout homme doit pouvoir vivre de son travail, qu'il ne devait plus y avoir de chômages forcés pour toutes les catégories de travailleurs, que la misère et la famine ne devaient plus être le résultat des crises industrielles.

Comme moyen pratique pour assurer le droit au travail, votre Commission pense que les Conseils généraux pourraient ouvrir, dans chaque canton, des chantiers de travaux intéressants le canton tout entier : routes, chemins, voirie, désséchement de marais, etc., etc., dans lesquels seraient occupés les ouvriers sans travail.

Chaque commune devrait inscrire à son budget une somme proportionnée à sa population pour faire face à ses dépenses.

Les fonds qui resteraient sans emploi seraient reportés aux budgets de l'année suivante, et ne devraient, dans aucun cas, recevoir une autre destination.

Le f.·. Constant aurait voulu voir traiter cette question lors de la discussion du programme du parti ouvrier, aussi il juge inutile pour l'instant de présenter des critiques.

Le f.·. Pinguet demande sur quelles ressources devraient être pris les fonds pour les travaux désignés par le f.·. Cabassut dans son rapport.

Le f.·. Cabassut répond que les communes peuvent s'imposer pour avoir des ressources spécialement affectées à l'organisation de chantiers pour les ouvriers sans travail ; mais le f.·. Constant fait remarquer que les communes ne sont pas libres d'administrer leurs fonds comme elles l'entendent, aussi demande-t-il de nouveau, avec une insistance particulière, que cette question soit renvoyée pour être reprise lors de la discussion du programme du parti ouvrier. Il en donne cette raison que c'est là une question qui ne peut être traitée isolément, parce qu'elle est connexe avec une foule d'autres. C'est, selon lui, aux principes mêmes qu'il faut s'attacher d'abord et cette question, qui n'est qu'une conséquence de notre état économique et social, n'aura plus sa raison d'être quand cet état économique et social sera établi sur des bases plus équitables et plus rationnelles.

La discussion menaçant de s'éterniser, le Président la résume et demande à l'at.·. s'il veut le renvoi ou l'adoption du rapport présenté par le rapporteur de la 1re Commission.

Le f.·. Treillé combat le renvoi et demande l'adoption du rapport.

La discussion est close; le fr.·. Péronneau, faisant fonction d'orat.·. conclut à l'adoption. L'at.·. ratifie ces conclusions.

DEUXIÈME QUESTION.

Recherche de la paternité. — Le fr.·. Pinguet, au nom de la 2e Commission dont il est rapporteur, a lu l'admirable rapport suivant :

Un gros problème se pose depuis longtemps à l'esprit de tous ceux que préoccupe le désir d'apporter un remède à la dépopulation et par suite de voir se restreindre les crimes d'infanticides et d'avortements et s'augmenter la justice pour toute une classe de déshérités de la société.

Nous voulons parler de la « Recherche de la paternité. »

L'article 340 du Code civil est ainsi conçu : « La recherche de la paternité est interdite. Dans le cas d'enlèvement, lorsque l'époque de cet enlèvement se rapportera à celle de la conception, le ravisseur pourra être, sur la demande des parties intéressées, déclaré père de l'enfant. »

La suppression de cet article du Code civil remédierait-elle à la fois au mouvement de dépopulation qu'accusent les statistiques officielles et à l'injustice qui frappe les enfants naturels dans notre société ?

Nous pensons que cette mesure, qui est considérée comme une sorte de panacée par certains écrivains et par certains orateurs, manquerait son but et qu'au lieu de marquer un pas dans la voie du progrès et de l'amélioration sociale, elle constituerait un recul.

Il est de toute évidence que la paternité hors mariage, prise en général, serait difficile à prouver avec certitude et qu'elle donnerait lieu à de nombreuses contestations rendant impossible toute solution équitable.

D'un autre côté, il répugnerait à certaines femmes qui auraient été abandonnées par leurs amants de battre la grosse caisse avec leur déshonneur dans l'intention d'obtenir pour elles et leurs enfants la protection de la loi, tandis que des aventurières trouveraient assez facilement le moyen de se créer une situation avantageuse à l'abri d'une loi pareille.

Il faudrait établir un véritable régime d'inquisition pour qu'une loi de ce genre, qui serait déjà par elle-même attentatoire à la liberté de la personnalité humaine ne donne pas lieu aux plus révoltantes décisions de la part de ceux qui seraient chargés de l'appliquer.

Nous sommes donc pour le maintien de l'article 340 du Code civil ; mais, est-ce à dire que nous pensions qu'il n'y ait pas lieu de rechercher la paternité dans le cas spécial de certaines unions ?

Un homme et une femme, de consentement mutuel, s'unissent librement, mettent en commun leurs pécules respectifs, vivent sous le même toit d'une vie commune, partagent les mêmes repas, la même couche, ont les mêmes joies et les mêmes douleurs, — ainsi que cela se pratique fréquemment dans les villes ; — bref, il ne manque aux yeux de tout le monde, pour donner aux enfants qui proviennent de cette union une situation régulière au point de vue de la loi, que la formalité du mariage. Et il ne manque absolument que cela.

Or, si l'homme et la femme qui vivent dans les conditions que nous venons d'indiquer forment une union irrégulière au point de vue légal, c'est le plus souvent, ou que les formalités du mariage les ont laissés indifférents, ou qu'ils n'ont pu faire face aux dépenses qu'occasionnent toujours ces formalités.

Doit-il s'ensuivre que les enfants issus d'une semblable union soient à jamais privés des avantages dont jouissent les enfants issus d'une union légale ? Ce serait une injustice née pour eux de circonstances tellement indépendantes de leur volonté propre, qu'ils n'en doivent point subir les atteintes.

Nous estimons donc que la recherche de la paternité doit être permise toutes les fois qu'il y a eu, entre l'homme et la femme, une cohabitation publique établissant péremptoirement la possession d'état de la vie conjugale ; en un mot toutes les fois qu'il ne manque à l'union de l'homme et de la femme, pour être valable aux yeux de la loi en faveur de leur descendance, que la formalité du mariage.

Comme conséquence de cet état de choses nouveau, nous admettons que l'enfant, issu d'une union comme celle que nous venons de déterminer, doit être fondé à invoquer, vis à vis de son père, un article de loi analogue à l'article 341, § 2, article qui pourrait être ainsi conçu : « L'enfant qui réclamera son père sera tenu de prouver qu'il est identiquement le même que l'enfant issu de l'union libre de sa mère et de ce père, dans les conditions de cohabitation publique déterminées par tel article du Code. »

De son côté, la femme doit être également fondée, toujours sous les mêmes conditions, à réclamer la paternité pour son enfant.

Ces principes établis, quelle sera la situation de l'enfant admis au bénéfice de la paternité vis à vis de ses père et mère ?

Sera-t-il dans le cas de l'enfant légalement reconnu, dont les droits sont réglés par les articles 756, 757 et 758 du Code civil, ainsi conçus :

« Art. 756. — Les enfants naturels ne sont point héritiers ; la loi ne leur accorde de droit sur les biens de leur père ou mère décédés que lorsqu'ils ont été légalement reconnus. Elle ne leur accorde aucun droit sur les biens des parents de leur père ou mère.

« Art. 757. — Le droit de l'enfant naturel sur les biens de ses père ou mère décédés est réglé ainsi qu'il suit :

« Si le père ou la mère a laissé des descendants légitimes, ce droit est d'un tiers de la portion héréditaire que l'enfant naturel aurait eue s'il eût été légitime ; il est de la moitié, lorsque les père ou mère ne laissent pas de descendants, mais bien des ascendants ou des frères ou sœurs ; il est des trois quarts lorsque les père ou mère ne laissent ni descendants, ni ascendants, ni frères ni sœurs.

« Art. 758. — L'enfant naturel a droit à la totalité des biens, lorsque ses père ou mère ne laissent pas de parents au degré successible. »

Nous estimons que le cas de l'enfant ayant obtenu la déclaration de paternité équivaut à la légitimation et que l'on doit supprimer à son égard toute restriction en ce qui concerne la succession de ses père et mère. Par conséquent, l'article 338 du Code civil ne saurait, en aucun cas, lui être appliqué.

En revanche, tous les articles de loi relatifs à la puissance paternelle, à la tutelle, etc., actuellement en vigueur, demeurent applicables au cas qui nous occupe.

Nous avons examiné le cas où l'union libre de deux célibataires a donné lieu à naissance d'enfants naturels.

Examinons maintenant les divers autres cas dans lesquels peuvent se produire des naissances illégitimes.

Ces cas sont au nombre de trois :

1° Cas où le père de l'enfant naturel est déjà marié ;

2° Cas où il y a inceste ;

3° Cas où la femme, séparée de corps judiciairement, vit maritalement avec un autre homme.

Nous commençons par écarter l'inceste, qui n'est digne d'aucune pitié, pour examiner les deux autres cas.

Dans le premier, si les conditions de cohabitation publique peuvent être déterminées comme nous l'avons déjà dit plus haut, la recherche de la paternité doit être admise et l'enfant qui en bénéficie doit jouir des mêmes avantages que l'enfant issu de parents célibataires et admis au bénéfice de la paternité. Dans le second cas, l'enfant né de l'union libre d'une femme séparée de corps avec un autre homme que son mari légitime, est un enfant adultérin que peut désavouer le mari légitime.

Dans le cas de désaveu admis par la justice, nous estimons que la mère ou l'enfant devront être fondés, à rechercher la paternité, suivant les conditions de cohabitation publique déjà déterminées.

Toutefois, nous croyons que l'enfant né trois cents jours après la décision judiciaire autorisant la femme à avoir un domicile séparé, doit être considéré comme un enfant naturel, à moins que la mère ne justifie qu'elle a eu dans l'intervalle des relations avec son mari. Dans ce cas, la mère ou l'enfant doivent pouvoir, sans qu'il soit besoin d'un désaveu, demander la recherche de la paternité, si les conditions de cohabitation existent comme il a été dit plus haut.

Nous venons d'examiner la question de la recherche de la paternité et de présenter une solution pratique à certaines parties de ce problème difficile ; il nous reste maintenant à nous occuper, toujours en nous inspirant de l'idée de justice et d'amélioration du sort des enfants nés hors le mariage, de la question d'assistance de l'enfance.

C'est au spiritualisme, qui détermine encore presque exclusivement les actions humaines, qu'il faut impliquer la plupart des vices et des crimes qui déshonorent l'humanité.

Le mépris de la chair, qui est le fond de la morale spiritualiste, atteint plus directement la femme dans sa dignité et sa liberté que l'homme. La même action est jugée de façon différente selon qu'elle a été commise par un homme ou par une femme.

Ainsi, c'est presque un titre de gloire pour un homme d'avoir eu ce qu'il appelle de nombreuses bonnes fortunes, tandis que la femme est déshonorée si elle prend un amant. Chez l'homme, l'adultère n'est qu'une simple peccadille, tandis que chez la femme il devient une action criminelle.

Qu'une jeune fille séduite soit épousée par son amant, la société la réhabilite; qu'il l'abandonne, elle demeure méprisée toute sa vie.

Une quantité considérable de vices et de crimes, qui causent la dégénérescence de l'espèce humaine n'ont pas d'autre origine que la réprobation qui frappe la femme coupable d'avoir, dans un moment de faiblesse, cédé aux entraînements de la nature.

L'onanisme, la tribadie et bien d'autres vices contre nature sont de cet ordre; le nombre toujours croissant des avortements et des infanticides provient de la même cause.

Il est évident que la femme, en qui se trouve inné l'amour maternel, ne commettrait jamais des crimes de ce genre, d'abord si la société lui venait en aide largement, presque sans formalités, et ensuite si cette même société cessait de la considérer comme déshonorée.

A toutes ces souffrances, qui sont le résultat indéniable de nos conceptions spiritualistes, s'ajoute pour la femme pauvre la menace constante de la prostitution.

Sous notre régime capitaliste, le travail des femmes étant rémunéré d'une façon dérisoire, l'ouvrière est obligée, pour vivre, de recourir à l'aide de l'homme. Si un mari, ou un amant lui font défaut, la prostitution devient pour elle une nécessité de fer.

Tous nos efforts doivent donc tendre à faire disparaître ce triste état de choses, qui menace de désagréger chaque jour davantage la société en faisant disparaître sa base actuelle : la famille.

Et pour courir au plus pressé, pour remédier en partie à cette situation en arrêtant la femme sur la pente du crime, nous croyons qu'il est urgent de réorganiser complètement, en les modifiant, nos services d'assistance publique de l'enfance.

Il y a au moins deux catégories de femmes qui se laissent aller au crime d'infanticide, celles qui craignent à la fois et le déshonneur et les charges matérielles de la maternité, et celles qui craignent plus le déshonneur que ces charges matérielles.

Pour cette seconde catégorie, nous estimons que l'on peut éviter la plus grande partie des crimes par le rétablissement des tours.

Pour l'autre catégorie, de beaucoup la plus nombreuse, nous voudrions qu'il fût créé, dans chaque arrondissement, une maison de refuge et d'accouchement ouverte à toutes les femmes. Et nous voudrions que l'admission y fût faite simplement sur une déclaration de grossesse, établie par un médecin, et sans qu'il soit besoin, pour la femme qui sollicite cette admission, de faire connaître ses nom, qualité, profession et domicile.

C'est en respectant scrupuleusement leur incognito que nous voudrions voir donner aux femmes, qui ont succombé à la tentation de la chair, les soins qu'appellent et leur situation de santé et le fruit de leurs amours.

Ici se pose une grosse question. Avec quelles ressources peut-on faire face aux dépenses qu'occasionnerait ce service ?

Etant donné ce principe de justice à établir que tout individu qui ne se reproduit pas doit contribuer aux charges que nécessite la reproduction des autres individus, nous sommes d'avis de frapper d'un impôt de répartition tous les célibataires des deux sexes ayant dépassé l'âge de 30 ans.

Cet impôt servirait à couvrir les dépenses d'entretien des mères et des enfants recueillis dans les établissements de refuge et d'acouchement, pendant que, de leur côté, l'Etat et le Département pourvoieraient aux dépenses d'installation, de réparation et de traitement du personnel de ces établissements.

Nous n'avons pas la prétention de proposer des réformes pouvant, d'un seul coup, transformer un ordre de choses que nous considérons comme préjudiciable au développement du progrès, mais nous avons néanmoins la conviction que les solutions que nous proposons feraient avancer de quelques pas les idées de solidarité et de justice sociale dont la franc-maçonnerie ne doit jamais se départir.

Le f.·. Constant remercie le rapporteur et le félicite sincèrement ; jamais, dit-il, un rapport plus complet sur ce sujet n'a été présenté dans les LL.·.

Le f.·. Billaud demande que ce rapport soit publié dans l'*Indépendant de l'Allier*, dans les 48 heures. Cette proposition est adoptée à l'unanimité.

Quelques petites observations de détail ont été faites quant à la question financière. Une discussion s'engage entre plusieurs ff.·.

Le f.·. Péronneau fait remarquer que les dispensés du service militaire sont soumis à une taxe, et qu'il lui semblerait équitable que les célibataires, qui se dérobent aux charges de famille, soient soumis à une taxe dont le produit serait affecté à l'entretien des filles-mères et de leurs enfants où à la fondation d'établissements destinés à les recevoir.

Sur les conclusions favorables du f.·. Orat.·., le rapport est adopté à l'unanimité sans aucune addition ni modification.

L'Ordre du jour appelle la discussion de la 4e question : **Organisation des banques populaires.**

Le f.·. Cabassut, au nom de la 1re Commission, regrette de n'avoir pu traiter cette intéressante question. Les ff.·. de la Commission reconnaissant leur incompétence en cette matière.

Le f.·. Pinguet croit que ces banques pourraient être établies; on trouverait l'argent dans les Caisses d'épargne, qui auraient pour garantie la propriété.

La Commission adopte en principe la création de Banques populaires, et les conclusions sont adoptées à l'unanimité.

Le f.·. Constant étant obligé de partir ce soir, demande que le n° 11 de l'ordre du jour soit mis en discussion.

Le Congrès lui donne satisfaction.

Le f.·. Cabassut, rapporteur de la Commission, déclare que, dans l'étude de la question, la Commission s'est inspirée de l'art.·. 3 du règlement du congrès; que la F.·. M.·. n'a pas à se mettre à la remorque de tel ou tel parti; qu'elle ne doit pas adopter, sans discussion, le Programme du parti ouvrier adopté au Congrès de Marseille, et que c'est dans cet esprit que la Commission a établi le programme suivant, en lui donnant pour titre : **Programme des Réformes sociales.**

Le Congrès adopte ce titre.

Le Rapporteur donne lecture des art.·. suivants, qui sont adoptés par le Congrès :

Partie politique.

Votre Commission vous propose d'adopter, pour ce programme, les articles suivants :

Article premier. — Liberté absolue pour tous les citoyens français, résidents en France, jouissant de leurs droits civils et politiques, d'écrire sous leurs signatures et leurs responsabilités. Elévations des peines corporelles et pécuniaires pour les écrivains convaincus de diffamation.

Les lois mettront l'ouvrier sur le pied de parfaite égalité avec le patron, et au point de vue civil la femme vis-à-vis de l'homme.

Suppression du livret.

Art. 2. — Suppression du budget des cultes et retour à la Nation des biens dits de main-morte, meubles et immeubles appartenant aux corporations religieuses (décret de la commune du 2 avril 1871) y compris toutes les annexes industrielles et commerciales de ces corporations.

Art. 3. — Extinction de la dette publique par voie d'amortissement.

Art. 4. — Désarmement général dans toute l'Europe.

Art. 5. — Monopole de l'enseignement par l'Etat.

Art. 6. — Loi pour assurer le secret du vote.

Après une discussion à laquelle prennent part les ff.·. Pinguet, Constant, Terret, Péronneau et Cabassut, les articles ci-dessus sont adoptés.

Partie économique.

Article premier. — Interdiction légale pour l'employeur d'obliger ses ouvriers à travailler plus de six jours par semaine et plus de huit heures par jour.

La journée, pour les adultes de 14 à 18 ans, ne pourra pas être de plus de six heures. Les enfants au-dessous de 14 ans ne pourront pas être employés.

Liberté complète est laissée aux ouvriers qui voudront travailler plus de huit heures par jour.

Art. 2. — Surveillance protectrice des apprentis par les corporations ouvrières.

Art. 3. — Minimum légal des salaires, déterminés par une commission de statistique ouvrière.

Art. 4. — Interdiction légale aux patrons d'employer des ouvriers étrangers à un salaire inférieur à celui des ouvriers français.

Les ouvriers étrangers paieront une taxe équivalente aux charges des ouvriers français.

Art. 5. — Egalité de salaire à travail égal pour les travailleurs des deux sexes.

Art. 6. — Instruction scientifique et professionnelle de tous les enfants mis, pour leur entretien, à la charge de la société représentée par l'État et par la Commune.

Art. 7. — Mise à la charge de la Société des vieillards et des invalides du travail.

Art. 8. — Suppression de toute immixtion des employeurs dans l'administration des caisses ouvrières de secours mutuels, de prévoyance, etc., restituées à la gestion exclusive des ouvriers, dans le cas où ces caisses ne seraient pas subventionnées par les patrons.

Art. 9. — L'État obligera les patrons à assurer, à leurs frais, les ouvriers contre les accidents.

Art. 10. — Suppression des pénalités sous forme d'amendes ou de retenues sur leurs salaires.

Art. 11. — Réforme de l'impôt, abolition des impôts indirects et de consommation, remplacés par un impôt sur le revenu.

L'ensemble du programme est adopté.

Il est juste de mentionner qu'une longue discussion a eu lieu sur l'art. 1er de la partie économique, à laquelle ont pris part tous les membres du Congrès.

Le rapporteur a demandé, au nom de la liberté individuelle, l'adoption de cet article, que le Congrès, en fin de compte, a adopté.

Minuit plein. — Les travaux sont clos.

Séance renvoyée au Dimanche 6 août, à 2 heures.

DIMANCHE 6 AOUT 1893

2e TENUE

Etaient présents : les FF.·. Thuilliat, président du Congrès, Cabassut, orat.·., Bachelier, 1er surveillant, Petitjean, 2e surveillant, Treillé, Billaud, Péronneau, Beaupin, Terret, Joany, Sebert, Pioton, David, sec.·.

Les travaux sont ouverts en la forme accoutumée.

L'ordre du jour appelle la discussion du programme agricole.

Le f.·. Pinguet étant empêché d'assister au début de cette tenue, la discussion est remise à la fin de la séance.

L'ordre du jour appelle, en conséquence, l'examen de la 5e question :

Des moyens de restreindre les opérations de Bourse.

Le f.·. Cabassut, au nom de la 1re Commission, lit le rapport suivant :

Moyen de restreindre les opérations de Bourse. — Votre Commission est d'avis que les opérations ou jeux de

Bourse, qui sont des causes de misères profondes et de fortunes scandaleuses, devraient être supprimés ou tout au moins réduits le plus possible.

« L'impôt voté par les Chambres, sur l'initiative de M. Tirard, ministre des finances, est un premier pas qui doit être encouragé, et nous faisons des vœux pour que cet impôt soit progressivement élevé chaque année. »

Le Congrès approuve ce rapport.

L'ordre du jour appelle l'examen de la 8e question :

Division de la F.·. M.·. en régions bien définies.

Aucun rapport écrit n'a été présenté sur cette question. Le Président donne lecture d'une pl.·. du G.·. O.·., adressée à notre f.·. Moulnier, et d'un tableau divisant la France en 12 régions maçonniques.

Le f.·. Cabassut, après avoir expliqué que la L.·. *Equerre* avait proposé cette question à cause de l'embarras dans lequel elle s'était trouvée lors de la préparation du Congrès, combat cette division en 12 régions. Les Congrès de chacune de ces régions ne grouperaient qu'un très petit nombre de Loges et risqueraient fort de ne pas réussir.

Le f.·. Péronneau est de cet avis; pour lui, ce serait la mort des Congrès ; il propose la division en 5 régions : Nord, Midi, Est, Ouest et Centre, tout en laissant à certaines LL.·., dont les relations avec les autres Or.·. sont très difficiles, la faculté de choisir entre telle ou telle région.

Cette proposition, mise aux voix, est acceptée à l'unanimité.

L'ordre du jour appelle l'examen de la 9e question :

Engagements à faire prendre aux Candidats aux prochaines Elections.

La parole est donnée au f.·. Péronneau, pour la lecture du rapport élaboré par la 2e Commission :

Une des questions soumises par la L.·. *Equerre* à l'étude du Congrès a trait aux **Engagements à faire prendre aux F.·. M.·., candidats aux élections.**

Ainsi posée, cette question qui ne vise que les candidats ff.·. m.·. est, à notre avis, trop restreinte : ce n'est pas, en effet, à nos ff.·. qui, imbus des principes maç.·. et pénétrés des doctrines qui sont en honneur dans nos LL.·., sont en communion d'idées avec nous sur les points essentiels du programme moral, politique et social que nous soutenons, que nous avons surtout à imposer une profession de foi : ce n'est donc pas contre les candidats membres actifs de nos at.·. que nous avons des garanties à prendre.

S'il est prudent de faire prendre des engagements à un candidat, de lui demander ce qu'il pense sur telle ou telle question, et d'obtenir de lui une réponse satisfaisante et catégorique, c'est surtout lorsque le candidat est étranger à notre ordre, lorsqu'il appartient au monde profane. La L.·. *Equerre* a, du reste, comprise la première que la question devait être posée dans d'autres termes qu'elle n'est portée à l'ordre du jour et elle a, en ce qui la concerne, décidé de demander des engagements fermes, non seulement aux candidats f.·. m.·. de la région dans laquelle elle peut exercer son action, mais aussi, et surtout, aux candidats qui n'ont pas reçu la lumière.

Votre 2e Commission vous propose, elle aussi, d'élargir le débat et d'étendre aux candidats profanes la question des engagements qu'ils auront à prendre vis-à-vis des LL.·. pour avoir droit à leur appui. Quels seront donc les engagements, quelles seront les garanties que nous devrons exiger des candidats aux élections prochaines? Les LL.·. du Centre, réunies en Congrès, doivent-elles elaborer un programme, le discuter et l'imposer ensuite aux candidats républicains des différents arrondissements de la région du centre? Doivent-elles n'accorder leur appui qu'aux candidats ff.·. m.·. ou profanes qui adopteraient ce programme et combattre ceux qui refuseraient de l'approuver?

Votre Commission a la faveur de vous exposer que, tout récemment, le Conseil de l'Ordre a adressé à tous les At.·. de son obédience une communication énumérant les inconvénients graves que présentait l'élaboration d'un programme maçonnique uniforme; elle estime qu'il serait tout aussi impossible et tout aussi dangereux d'arrêter un programme commun à toutes les circonscriptions de la région du centre, que d'en imposer un au pays tout entier.

Il n'est peut être pas en effet deux circonscriptions électorales dans lesquelles les conditions de la lutte soient identiquement les mêmes : les questions de milieux, les questions de personnes, la nuance des adversaires à combattre varient à l'infini ; ici, le candidat doit, avant tout, se préoccuper de réformes sociales; là, il devra plutôt porter la discussion sur le terrain des questions purement politiques; ailleurs, il sera prudent de ne pas par trop accentuer le programme; en un mot, le candidat chargé de porter le drapeau de la République devra être, suivant les lieux et les circonstances, soit un socialiste, soit un radical, quelquefois même, un modéré.

De là l'impossibilité manifeste de formuler une profession de foi unique que puissent et doivent signer tous les candidats républicains.

Ce que doit faire, avant tout, le f.·. maç.·., c'est de soutenir uniquement des républicains, et de les appuyer contre les adversaires déclarés ou honteux de la République. Que ces adversaires déploient ouvertement leur drapeau monarchiste ou, qu'au contraire (et ce sera le cas le plus fréquent) ils se présentent, obéissant au mot d'ordre du pape, comme ralliés à la République, ils n'en seront pas moins, dans un cas comme dans l'autre, des ennemis avec lesquels aucun pacte, aucune compromission n'est possible. Aux comités locaux, aux électeurs républicains de l'arrondissement, appartient de déjouer les intrigues de ces ennemis, de décider avec quels hommes et sur quels programmes ils pourront être plus facilement vaincus.

Votre 2e Commission propose donc au Congrès de s'abstenir de formuler un programme électoral complet ; elle estime cependant que, dans tous les cas, le programme d'un candidat, pour être soutenu par les LL.·., devra être très nettement anticlérical ; qu'il devra contenir notamment la séparation de l'Eglise et de l'Etat, la suppression des congrégations religieuses, la suppression de l'enseignement libre, source de discordes, de divisions, de haines implacables entre enfants du même pays, entre citoyens de la même patrie.

Votre Commission estime qu'à l'heure actuelle, où tout le parti clérical a pour principal objectif l'anéantissement de la fr.·. maç.·. et où, malheureusement, quelques républicains abusés paraissent disposés à nous combattre, au moment enfin où certaines personnalités et certains groupes politiques semblent confondre dans une même réprobation et traiter avec une même hostilité la fr.·. maç.·. et les congrégations, il est indispensable que les fr.·. m.·. n'accordent leur suffrage qu'aux candidats qui, initiés ou non, auront pris l'engagement formel de soutenir la fr.·. maç.·., et de s'opposer énergiquement à toutes les mesures qui tendraient à diminuer son influence ou à paralyser son action.

C'est pourquoi la L.·. *Equerre* a demandé aux candidats républicains des deux circonscriptions de Moulins, leur adhésion aux propositions suivantes :

Article premier. — Suppression du budget des cultes ; suppression des congrégations religieuses et de l'enseignement libre.

Art. 2. — Engagement de défendre la Fr.·. M.·.

Art. 3. — Obligation pour le député f.·. m.·. de ne jamais faillir à ses devoirs m.·.

Votre Commission partage absolument la manière de voir de ce Resp.·. At.·. et, dans le même ordre d'idées, elle invite le Congrès à décider que dans toute la région du centre la même adhésion sera exigée de tous les candidats républicains ; elle est convaincue d'avance que vous approuverez, mes ff.·., ces conclusions prises à l'unanimité de ses membres, et que vous serez d'avis comme nous, que s'il faut laisser aux hommes politiques de chaque localité le soin d'élaborer les programmes électoraux, la f.·. maç.·. a le droit et le devoir d'exiger des candidats qu'elle appuiera l'obligation de soutenir une politique conforme aux intérêts et aux principes de notre grande institution.

Le f.·. Cabassut explique que cet engagement ne doit pas être rendu public, et que les LL.·. auxquelles incombera le devoir de demander cet engagement devront, comme la L.·. *Equerre* vient de le faire récemment, déléguer quelques-uns de ces membres pour se rendre auprès des candidats et leur demander de vouloir bien appuyer les trois propositions énumérées dans le rapport. A cette condition, les candidats pourront compter sur l'appui des LL.·. qui auront fait cette démarche.

Les conclusions de la 2e Commission, mises aux voix après avis favorable du f.·. orateur, sont adoptées à l'unanimité.

L'ordre du jour appelle l'examen de la 10e question :

Moyens d'assurer la propagande républicaine par la voie de la presse.

Le f.·. Péronneau a la parole. — Il démontre que la presse est le plus merveilleux instrument de propagande et que nos ennemis innondent la campagne de journaux surtout pendant les périodes électorales. C'est le f.·. Petitjean qui, le premier, a soulevé cette question ; il est invité à la présenter lui-même. Nous, républicains, nous lisons tous un ou plusieurs journaux républicains qui nous deviennent ensuite absolument inutiles ; il serait possible, selon lui, de les centraliser et de les envoyer ensuite à ceux qui ne lisent pas ou même à ceux qui ne s'alimentent que de la mauvaise presse.

Le f.·. Péronneau examine différentes objections : il craint, avec quelques raisons, l'inégalité dans la distribution de ces journaux, qui jetterait le discrédit sur eux et empêcherait peut être de les lire avec attention.

Se plaçant, d'autre part, à un autre point de vue, et considérant les périodes électorales, il estime qu'un certain choix doit être fait dans les journaux républicains, et qu'on ne peut envoyer indifféremment tous les journaux républicains.

Revenant à la première objection, il examine le cas du désistement et en conclut alors qu'en période électorale les journaux devraient être envoyés, sans aucun retard et d'une façon tout à fait régulière, sous peine de jeter l'électeur dans l'embarras.

Malgré ces objections, nous ne devons pas reculer ; il est nécessaire d'assurer ces distributions de journaux.

Le f.·. Sebert propose la formation de Comités communaux chargé de centraliser les journaux, de les trier et de les faire distribuer.

Le f.·. Terret, tout en reconnaissant l'idée excellente, trouve plus commode de faire imprimer, par un Comité central, une feuille spéciale qui serait affichée dans chaque commune.

Le f.·. Péronneau combat cette dernière proposition, alléguant les difficultés, pour les gens éloignés du bourg, de venir prendre connaissance de cette feuille.

La question des frais restant à examiner, le f.·. Beaupin estime que les frais d'envoi doivent être faits aux frais des Comités communaux.

Jusqu'à présent, dans la discussion, on a eu trop en vue les périodes électorales, alors que la proposition du f.·. Petitjean ne les visait nullement, le f.·. Péronneau divise alors la question en deux parties :

1° Période en dehors des élections ;

2° Période des élections.

Pendant la première période, les Comités communaux devront centraliser tous les journaux républicains et les distribuer ; les questions de personnes ayant disparu, tous luttent pour la République.

Au début de la deuxième période, la distribution cesse immédiatement, et les électeurs livrés à eux-mêmes, après avoir été alimentés de bonnes idées et de principes libéraux, se prononcent librement.

Cette proposition mise aux voix, après conclusions favorables du f.·. orat.·., est adoptée à l'unanimité.

L'ordre du jour appelle la 13e question :

Désignation de la Loge qui devra organiser le prochain Congrès.

Les Délégués sont d'avis de ne mettre dans l'urne que les LL.·. qui ont répondu à l'appel de la L.·. *Equerre*. Celles de Lyon sont écartées comme étant trop éloignées. L'*Humanité*, Or.·. de Nevers, le *Réveil de l'Yonne*, Or.·. d'Auxerre, l'*Équerre*, Or.·. de Moulins, la *Véritable amitié*, Or.·. d'Orléans, sont écartées comme ayant déjà eu le Congrès.

Les noms des autres LL.·. adhérentes : *Union et Solidarité*, Or.·. de Montluçon, le *Phénix*, Or.·. de Joigny, la *Cosmopolite*, Or.·. de Vichy, les *Enfants de Gergovie*, Or.·. de Clermont, la *Gauloise*, Or.·. d'Issoudun, *Justice et Égalité*, Or.·. de Gien, les *Artistes réunis*, Or.·. de Limoges, les *Démophiles*, Or.·. de Tours, sont mis dans l'urne et il est procédé au tirage au sort. La Resp.·. L.·. *Justice et Égalité*, Or.·. de Gien, est chargée d'organiser le prochain Congrès. La L.·. les *Artistes réunis*, Or.·. de Limoges, est chargée de la suppléer en cas d'empêchement.

Ces *deux At.·. en seront immédiatement informés par le f.·. secrétaire.*

Le f.·. Treillé demande alors la parole pour poser trois questions au nom de la L.·. le *Réveil de l'Yonne*, Or.·. d'Auxerre.

Ces trois questions ont été examinées par la 3e Commission, qui a conclu sur les trois questions à l'ordre du jour.

La 3e Commission chargée d'examiner trois propositions du f.·. Treillé, au nom de plusieurs ff.·. de la L.·. le *Réveil de l'Yonne*, Or.·. d'Auxerre, dont la teneur suit :

1° Lorsqu'un f.·. est passible d'un jugement pour un délit maç.·. prévu par le règlement, n'y aurait-il pas lieu de substituer au f.·. plaignant la collectivité de la L.·. pour déposer la plainte ?

Considérant que la L.·. étant appelée à juger elle-même l'accusé, ne peut être en même temps son accusatrice, la Commission conclut à l'ordre du jour.

2° Ne pourrait-on, dans les scrutins sur les prof.·. proposés à l'initiation, au lieu du cinquième des votants qui suffit actuellement pour le rejet, prendre une mesure plus large en faveur desdits prof.·. en augmentant la proportion exigée pour ce rejet ?

La Commission pense qu'il serait dangereux d'augmenter cette proportion, car cela pourrait amener l'introduction dans nos LL.·. d'hommes indignes d'être maç.·., et pour ce motif passe à l'ordre du jour.

3° Un f.·. accusé, se trouvant légitimement empêché de se présenter lors de son jugement, ne pourrait-il pas se faire représenter par un maç.·. régulier pris soit dans le sein de la L.·., soit en dehors, pour établir sa défense.

La Commission conclut également à l'ordre du jour, attendu que l'accusé a le droit de demander la remise du jugement.

Les conclusions de la Commission sont adoptées par le Congrès.

L'ordre du jour appelle l'examen de la 6e question :

Révision du règlement du Congrès.

La Commission chargée de cette étude, ne sachant point quel

est l'auteur de cette proposition et sur quels articles du règlement devraient porter certaines modifications, a passé outre.

Le f.·. Péronneau explique que cette proposition étant restée sous le maillet au Congrès d'Auxerre, il croit que c'est le f.·. Lenoir de l'Or.·. de Joigny, qui en est l'auteur.

Sur la demande du f.·. Bachelier, il sera demandé à l'auteur de la proposition quel est l'article visé; le prochain congrès aura à l'examiner. En conséquence, la question est remise sous le maillet.

L'ordre du jour appelle la 7e question :

Fusion des rites.

Le f.·. Sébert a la parole pour lire le rapport élaboré par la 2e Commission.

Fusion des rites. — Ce n'est pas d'aujourd'hui que cette question préoccupe la fr.·. maç.·. française. Même avant 1880, époque à laquelle elle commença à passer du domaine des désirs dans celui de la discussion en L.·., pour être bientôt portée à la tribune du Convent, les f.·. maç.·. du rite français avaient toujours manifesté leurs préférences pour un rite national unique. Aussi la question paraissait-elle suffisamment élucidée quand elle fut traitée publiquement à la tribune du Gr.·. Or.·. par le Conv.·. de 1882.

Vous avez tous présent à la mémoire, m.·. ff.·., les arguments pour et contre qui furent alors développés.

Les opposants à ce projet faisaient valoir la nuance philosophique, qui n'est pas seulement apparente, et qui éloignait de nous beaucoup de membres de l'Ecossisme. La suppression, sur nos rituels et sur nos planches, de la formule A.·. L.·. G.·. D.·. G.·. A.·. D.·. L'U.·., nous avait réellement aliéné beaucoup de nos ff.·. écossais et quelques-uns même des nôtres. D'autre part, la situation financière des rites dissidents ne manquait pas de nous inspirer de vives inquiétudes pour les charges nouvelles qui nous auraient incombé. Mais malgré les efforts les plus généreux faits par tous les partisans de la liberté de conscience, le Convent ne put émettre qu'un vœu platonique, à savoir que le Cons.·. de l'O.·. serait invité à continuer ses démarches pour arriver au but poursuivi. Mais, déjà, toutes les puissances maçonniques écossaises avaient rompu toutes relations avec nous, et, même en France, quelques-unes de leurs LL.·. nous refusaient l'entrée de leurs Temples.

Depuis cette époque, il ne s'est rien produit de nouveau qui nous semble avoir amélioré la situation; nous dirons mieux, la rupture presque violente qu'il nous a fallu opérer, avec le rite misraïmite, nous semble au contraire l'avoir tendue davantage.

Pour toutes ces raisons, et pour tant d'autres, que nous croyons inutile de développer ici, nous proposons *l'ordre du jour*, tout en exprimant notre vif regret de ne pouvoir arriver à réunir, en un seul faisceau, toutes les forces maçonniques dispersées sur le sol de la patrie française.

La discussion est alors ouverte; le Président fait remarquer que beaucoup de Loges écossaises sont disposées à venir au Gr.·. Or.·. de France, mais que les officiers de ces LL.·. et les grands maîtres s'y refusent absolument à cause des avantages moraux et peut-être matériels que leur procurent leurs qualités maçonniques.

Le f.·. Treillé fait remarquer que la puissance maçonnique écossaise a des relations avec les autres puissances maçonniques étrangères et que les contrats qui l'unissent à elles ne peuvent être rompus du jour au lendemain. Il signale également cet autre danger, à savoir que l'Ecossisme amènerait dans notre sein certaines tendances aristocratiques absolument contraires à notre caractère démocratique. Il nous rappelle que le Gr.·. Maître du rite écossais désigne lui-même, avant sa mort, celui qui devra le remplacer.

La discussion est close, le f.·. orateur conclut en faveur du rapport de la 2e Commission et l'on passe à l'ordre du jour.

L'ordre du jour appelle la discussion du **Programme agricole** suivant, présenté par la L.·. *Union et solidarité* Or.·. de Montluçon.

Partie agricole.

Article premier. — Minimum de salaire fixé par les syndicats ouvriers agricoles et par les conseils municipaux, tant pour les ouvriers à la journée que pour les loués à l'année (bouviers, valets de ferme, filles de ferme, etc.)

Art. 2. — Création de prud'hommes agricoles;

Art. 3. — Interdiction aux communes d'aliéner leurs terrains communaux; amodiation par l'Etat aux communes des terrains domaniaux, maritimes et autres actuellement incultes; emploi des excédents des budgets communaux à l'agrandissement de la propriété communale;

Art. 4. — Attribution par la commune des terrains concédés par l'Etat, possédés ou achetés par elle à des familles non possédantes, associées et simplement usufruitières, avec interdiction d'employer des salariés et obligation de payer une redevance au profit du budget de l'assistance communale;

Art. 5. — Caisse de retraite agricole pour les invalides et les vieillards, alimentée par un impôt spécial sur les revenus de la grande propriété;

Art. 6. — Achat par la commune de machines agricoles et leur location à prix de revient aux cultivateurs; — Création d'associations de travailleurs agricoles pour l'achat d'engrais, de grains, de semences, de plants, etc., et pour la vente des produits;

Art. 7. — Suppression des droits de mutation pour les propriétés au-dessous de 5,000 francs;

Art. 8. — Réduction par des commissions d'arbitrage, comme en Irlande, des baux de fermage et de métayage, et indemnité aux fermiers et aux métayers sortant pour la plus-value donnée à la propriété.

Art. 9. — Suppression de l'article 2,102 du code civil donnant aux propriétaires privilège sur la récolte et suppression de la saisie-brandon, c'est-à-dire des récoltes sur pied; constitution pour le cultivateur d'une réserve insaisissable comprenant les instruments aratoires, les quantités de récoltes, fumiers et têtes de bétail indispensables à l'exercice de son métier;

Art. 10. — Révision du cadastre, et, en attendant la réalisation de cette mesure générale, révision parcellaire par les communes;

Art. 11. — Cours gratuits d'agronomie et champs d'expérimentation agricoles.

Le f.·. Thuilliat et le f.·. Péronneau combattent l'article 1er.

Le f.·. Péronneau combat l'ingérance des conseils municipaux dans les questions de salaire, d'autant plus que la loi autorise la formation de syndicats. Il faut absolument, selon lui, laisser s'établir les salaires sous l'influence de la loi de l'offre et de la demande.

D'ailleurs, les salaires ne sont pas soumis à l'arbitraire des employeurs agricoles; le cours s'en établit en dehors de leurs volontés dans ce qu'on appelle les Loues. Ce cours varie suivant les années et est établi par les domestiques entre eux. Il suffirait tout simplement de régulariser ces loues, de leur donner une sorte de caractère légal, et l'ouvrier agricole tomberait dans le cas de l'ouvrier industriel syndiqué.

Le f.·. Terret demande si les prud'hommes agricoles ne pourraient pas fixer eux-mêmes les salaires Mais les prud'hommes, ayant seulement des fonctions judiciaires, ne peuvent en aucun cas faire office de syndicats.

Pour ce qui est des ouvriers à la journée, le Président et le f.·. Sebert font remarquer que les choses se passent absolument comme pour les loués à l'année, qu'ils se réunissent chaque matin ou chaque dimanche dans un lieu où se rendent également les employeurs et que ceux-ci sont obligés d'accepter les prix demandés à moins que l'année ne soit mauvaise, auquel cas les salaires demandés sont diminués en conséquence par ceux mêmes qui offrent leur travail.

La suppression de l'article 1er demandée par la Commission, mise aux voix, est adoptée à l'unanimité.

L'art. 2 est adopté tel qu'il est proposé, après une courte discussion.

ART. 3. — La Commission trouvant que beaucoup de communes ne possèdent pas de biens communaux, il lui paraîtrait injuste de faire, pour celles qui en possèdent, une loi qui mettrait leurs habitants dans une situation favorisée.

Le f.·. Péronneau voudrait même enlever aux communes leurs biens communaux, loin de les voir s'agrandir ; il est parfaitement établi que la plupart de ces biens ne rapportent pas le cinquième de ce qu'ils rapporteraient s'ils appartenaient à des particuliers.

Il est passé à l'ordre du jour.

ART. 4. — Sur la proposition du f.·. Péronneau, la rédaction est changée. La suivante est adoptée après observations faites par plusieurs ff.·. qui font remarquer que certaines communes ont beaucoup de biens communaux et que là sont leurs seules ressources : « Une partie des biens communaux sera affectée à l'assistance publique. »

ART. 5. — La deuxième partie de cet article est vivement combattue par les ff.·. Thuilliat et Péronneau. Il leur semblerait plus juste de pourvoir à l'alimentation de la Caisse des retraites, soit par un impôt sur tous les revenus indistinctement, soit par un impôt progressif sur les mutations.

La première partie de cet article seule est adoptée ; la deuxième est rejetée.

ART. 6. — La Commission demande de passer à l'ordre du jour pour les mêmes raisons qui ont fait rejeter l'art. 1er. Ces conclusions sont adoptées.

ART. 7. — La Commission estime qu'on ne peut décharger entièrement la petite propriété des droits de mutation, car la grande propriété échapperait à cet impôt en adoptant un système de vente parcellaire.

Ces conclusions sont adoptées.

ART. 8. — Est ainsi modifié : « A sa sortie, le fermier cultivant par lui-même, ou le colon, sera indemnisé à dire d'experts sur la plus-value donnée à la propriété. »

Art. 9. — La Commission accepte en partie cet article. Le f∴ Péronneau demande non pas la suppression de l'article 2,102 du Code civil, mais simplement sa modification ; il demande également la suppression de la saisie-brandon. La rédaction suivante a paru, aux yeux de la Commission, donner satisfaction au propriétaire et au fermier en tenant un juste milieu : « Le cultivateur, fermier exploitant ou métayer, ne pourra jamais être dépouillé de son mobilier personnel indispensable, de ses approvisionnements en denrées alimentaires pour l'année et de ses instruments de travail. Suppression de la saisie-brandon. Limitation aux loyers échus du bénéfice de l'article 2,102. » — Adopté.

Art. 10 et 11. — Ces articles sont adoptés sans discussion.

L'ordre du jour est épuisé.

L'ensemble du programme dont le Congrès a voté les différents articles, se trouve ainsi établi.

Article premier. — Création de prud'hommes agricoles.

Art. 2. — Une partie des biens communaux sera affectée à l'assistance publique.

Art. 3. — Caisse de retraite agricole pour les invalides et les vieillards.

Art. 4. — A sa sortie le fermier cultivant par lui-même, ou le colon, sera indemnisé à dire d'experts de la plus-value donnée à la propriété.

Art. 5. — Le cultivateur, fermier exploitant ou métayer, ne pourra jamais être dépouillé de son mobilier personnel indispensable, de ses approvisionnements en denrées alimentaires pour l'année et de ses instruments de travail.

Suppression de la saisie-brandon.

Limitation aux loyers échus du bénéfice de l'article 2,102 du Code civil.

Art. 6. — Révision du cadastre et, en attendant la révision de cette mesure générale, révision parcellaire par les communes.

Art. 7. — Cours gratuits d'agronomie et de champs d'expérimentation agricole.

Ce programme est adopté par le Congrès.

L'ordre du jour est épuisé :

La 4e Session du Congrès est close.

Le Président du Congrès remercie alors tous les Délégués au Congrès de la courtoisie qu'ils ont apportée dans la discussion, ce qui lui a singulièrement facilité sa tâche difficile de président. Il est particulièrement heureux de remercier les membres de l'*Équerre* qui ont fait tous leurs efforts pour faire aboutir le Congrès, et c'est en termes empreints d'une émotion tout à fait fraternelle qu'il s'adresse aux Officiers de la L.·. *Équerre* pour leur exprimer la profonde reconnaissance de tous les Délégués, pour l'aimable hospitalité dont ils ont été l'objet dans cet Or.·.

Le f.·. Péronneau, à son tour, remercie le Président des paroles fraternelles qu'il vient d'adresser à la L.·. *Équerre*; il remercie également les Délégués qui ont répondu à son appel, tout en regrettant vivement qu'un fâcheux contre-temps ait empêché beaucoup d'entre eux d'assister à notre Congrès.

Le tronc de bienfaisance circule.

Le Président demande de ne pas en vérifier le contenu. La somme est prise en charge par le f.·. Péronneau.

Les travaux sont fermés en la forme accoutumée.

BANQUET

Le Dimanche 7 août, à sept heures du soir, une Agape fraternelle réunit à l'Hôtel de Paris les Délégués du Congrès et un grand nombre de ff.·. de l'Or.·. de Moulins.

Avant la clôture des travaux, le f.·. Thuilliat, président du Congrès, et le f.·. Treillé, vice-président, remercient la L.·. *Équerre* de l'accueil fraternel qu'elle a fait aux FF.·. délégués des différentes Loges qui se sont faites représenter au Congrès; ils constatent que la bonne volonté de chacun a suppléé au nombre, et que l'ordre du jour très chargé soumis à l'étude avait été complètement épuisé.

Ils lèvent leurs verres à la prospérité de la L.·. *Équerre.*

Le f.·. Péronneau, vén.·. de la L.·. *Équerre*, témoigne, au nom de cet At.·., sa reconnaissance envers les Délégués d'avoir répondu à son appel. Il les remercie d'autant plus, qu'en ce moment de période électorale un grand nombre de Délégués n'ont pu quitter leur Or.·.

Il remercie particulièrement le Président du Congrès, le f.·. Thuilliat, qui n'a pas craint d'entreprendre, malgré l'état de sa santé, un très long voyage.

Il dit, aux applaudissements de tous, que l'impartialité et la logique ont, avec le f.·. Thuilliat, présidé les travaux du Congrès.

Il lève son verre à la réussite complète des prochains Congrès et à la République.

Le Vén.·.,

PÉRONNEAU.

Le Secrét.·.,

GOURDIAT.

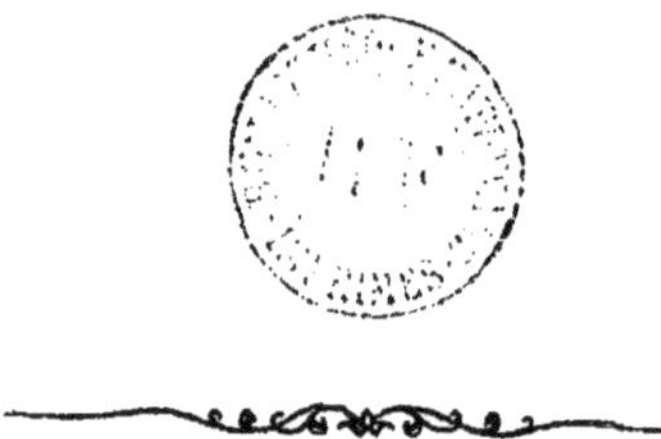

www.ingramcontent.com/pod-product-compliance
Lightning Source LLC
LaVergne TN
LVHW010404240826
846091LV00019B/2728

* 9 7 8 2 0 1 3 7 5 6 2 4 2 *